기업과 국가 경제 | 기술과 경제

# 물로 가는 자동차

정남구 지음  송영은 그림

제이네 아파트 단지엔 이상한 아저씨가 한 분 살고 있었어요.

제이네 아파트 단지엔 이상한 아저씨가 한 분 살고 있었어요.
아저씨는 가족도 없이 혼자 살았지요.
찾아오는 사람도 없었습니다.

아저씨는 밖으로 나오는 일도 아주 드물었어요.
어쩌다 밖으로 나왔을 때 보면

수염도 깎지 않고,

　　　세수도 하지 않은 것 같았답니다.

아저씨는 낮이면 주로 지하실에서 무언가 일을 했습니다.
저녁이 되어 집으로 들어갈 때 보면,
기름때가 묻은 지저분한 옷을 입고 있었어요.

아저씨는 늘 무슨 생각을 하는 것 같았습니다.
아저씨가 지하실에서 일을 했기 때문에,
사람들은 '지하실 아저씨'라고 불렀지요.

 '도대체 아저씨는 지하실에서 뭘 하시는 걸까?'

지하실 아저씨가 무슨 일을 하는지는 아무도 몰랐어요.

나쁜 짓을 하고 숨어 사는 사람이 아닐까?

정신이 이상한 사람일 거야.

## 발명과 발견은 어떻게 이뤄질까요?

옛날 사람들은 밤하늘의 별자리를 보고 방향을 알았답니다. 하지만 날씨가 흐려 하늘이 잘 보이지 않으면 별자리는 소용이 없었지요. 별자리를 보지 않고도 방향을 알게 해 준 것이 바로 나침반이에요. 자석 성분이 들어 있는 쇠붙이 한가운데에 실을 묶어 매달아 놓으면 쇠붙이는 남쪽과 북쪽을 가리키지요. 어느 날 누군가가 우연히 그걸 발견했겠지요. 그것이 나침반으로 발전했답니다. 발명은 이렇게 우연히 이뤄지는 경우가 많아요. 물론 이런저런 실험과 연구를 많이 해 봐야 새로운 것을 알아낼 기회도 많아지겠죠.

사람들은 그렇게 수군거렸어요. 제이는 아저씨가 나쁜 사람은 아닐 거라고 생각했어요. 아저씨는 제이를 보고 웃은 적이 있거든요.
'도대체 아저씨는 지하실에서 뭘 하시는 걸까?'
제이는 아저씨가 뭘 하는 사람인지 궁금해서 견딜 수가 없었답니다.

학교가 일찍 끝난 어느 날이었어요.
제이는 지하실에 한번 가 보기로 했어요.
아저씨가 일하는 지하실 문에 귀를 대고 소리를 들어 봤어요.
"톡톡, 드르륵. 톡톡, 드르륵." 하는 소리가 들려왔어요.
제이는 문 손잡이를 살짝 돌려 봤어요.
문은 잠겨 있었지요.
제이는 문을 두드려 볼까 하다가 돌아섰어요.

 **달걀을 품고 있던 에디슨**

에디슨은 빛을 내는 전구, 영화 촬영기 등을 발명한 사람이에요. 얼마나 많은 발명을 했는지 발명왕이라 불리기도 했어요. 에디슨은 어려서부터 호기심이 많았대요. 어느 날 에디슨은 헛간에 있는 닭장에 하루 종일 쪼그리고 앉아 있었대요. 엄마가 뭘 하느냐고 묻자 "달걀을 품고 있는 거예요."라고 대답했답니다. 닭이 달걀을 21일 동안 품고 있으면 거기서 병아리가 나온답니다. 에디슨은 사람이 알을 품어도 병아리가 나오는지 알아보고 싶었답니다. 새로운 것을 만들어 낸 사람들은 이렇게 호기심이 많아요.

제이는 문 사이로 고개를 들이밀고 안을 살펴봤어요.

끼익

"도대체 아저씨는 거기서 뭘 하시는 걸까?"
제이는 다음 날 또 지하실을 찾았어요.
이번에는 아무 소리도 들리지 않았답니다.
살짝 손잡이를 당겨 보았어요.
문이 열렸어요.

제이는 문 사이로 고개를 들이밀고
안을 살펴봤어요.
아저씨는 없었지요.
그런데 지하실 안엔 온갖 **기계**들이
큰 탁자 위에 놓여 있었어요.

제이는 어쩔 줄 모르고 그 자리에 그냥 서 있었어요.

아저씨는 고개를 갸우뚱 하고는 말했어요.

"구경시켜 주랴?"

제이는 아무 대답도 못했습니다.

### 경제 알면 재미있어요 - 기술 개발은 왜 중요할까요?

어떤 일을 사람이 손으로 일일이 하려면 시간이 많이 걸리죠. 하지만 기계를 이용하면 훨씬 빨리 많이 할 수 있죠. **더 좋은 기계를 만들수록, 훨씬 싼값에 물건을 만들 수 있죠.** 그만큼 생활이 풍요로워질 수 있답니다.

벽엔 이상한 그림들이 잔뜩 그려져 있었습니다.

아저씨가 천천히 다가왔어요.
"들어가자. 구경시켜 주지."
아저씨가 문을 활짝 열고 제이 손을 잡고 지하실 안으로 들어갔어요.
벽엔 이상한 그림들이 잔뜩 그려져 있었습니다.

**경제 알면 재미있어요**  **증기 기관의 탄생**

물을 끓이면 수증기가 나오죠. 물 주전자를 보고 있으면 수증기가 뚜껑을 밀어 올리는 것 볼 수 있지요. 이런 증기의 힘을 이용해 이미 200여 년 전에 움직이는 장난감을 만든 사람이 있었답니다. 영국의 기술자였던 **제임스 와트**는 증기의 힘을 이용해 공장에서 기계를 돌리는 엔진을 **만들었답니다**. 이때부터 기계가 사람을 대신해 많은 일을 하게 됐어요.

"아저씨는 뭘 만들어요?"

아저씨는 제이를
의자에 앉히고는 말했어요.

너는 내 손님이니까
겁낼 것 없다.

"아저씨는 뭘 만들어요?"
"자동차를 만들지. 물로 가는 **자동차** 말이다."

아저씨는 기계들을 보여 주었어요.
"이게 **자동차 엔진**이란다. 난 말이다.
휘발유 없이 물만 넣고도 달릴 수 있는
자동차를 만들고 있지."
제이는 처음 보는 기계들이
신기하기만 했어요.

### 경제 알면 재미있어요  자동차가 바꿔 놓은 세상

자동차가 없던 옛날에는 사람들이 먼 길을 걸어다녔어요. 좀 더 빨리 가려면 말을 타고 달렸어요. 많은 물건을 싣고 다닐 때는 바닷길을 이용해 배로 실어 날랐답니다. 자동차가 세상에 나온 지는 이제 100년이 조금 넘었어요. 자동차가 만들어지면서 멀리 일을 보러 가거나, 물건을 실어 옮기기가 훨씬 쉬워졌지요.

"엄마, 지하실 아저씨는 물로 가는 자동차를 만드신대요."
제이는 집에 돌아와 엄마한테 말했어요.

"물로 가는 자동차라고?"

엄마는 **물로 가는 자동차**는 만들 수 없다고 했어요.
하지만 제이는 아저씨가 한 말을 믿고 싶었어요.
'세상에 못 만들 게 뭐 있겠어.'

며칠이 지난 뒤였어요.
학교에서 돌아오는 길에 아저씨를 만났어요.
"안녕하세요. 아저씨?"
"안녕?"
아저씨도 제이에게 인사를 했어요.

아저씨는 말쑥한 양복 차림이었죠.
완전히 다른 사람 같았어요.
양복을 입은 다른 아저씨들과 함께
길을 나서는 중이었어요.

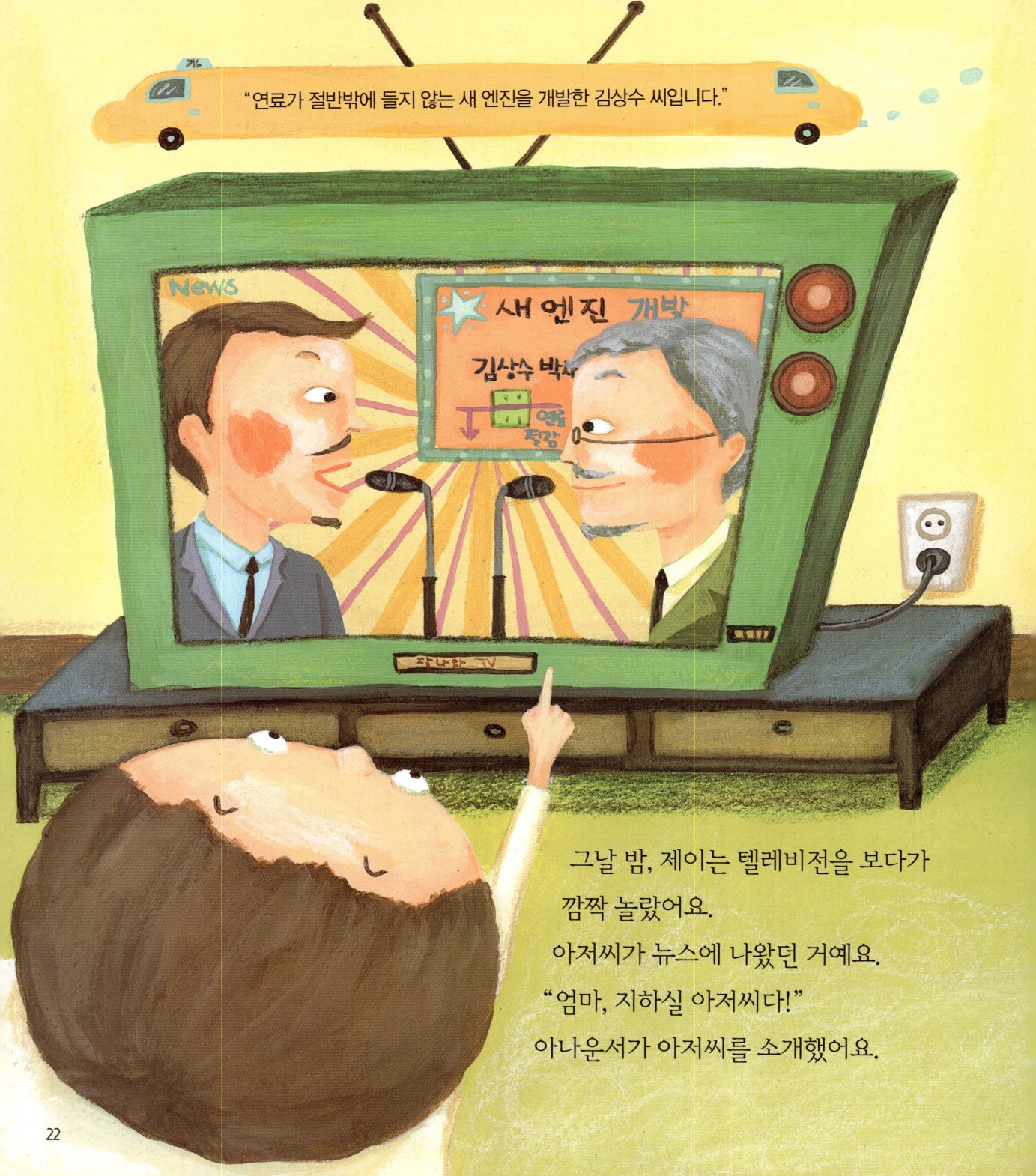

**경제 알면 재미있어요**

**왜 연료가 적게 드는 자동차가 필요할까요?**

자동차는 석유를 태울 때 나오는 에너지를 이용해서 달려요. 석유 값은 자꾸 비싸지고 있지요. 석유 값이 너무 오르면 사람들은 아예 자동차를 사지 않을 거예요. 그래서 자동차 회사는 석유를 적게 쓰고도 잘 달리는 자동차를 만들기 위해 애쓰죠. 석유 대신 다른 값싼 원료를 이용해 달릴 수 있는 자동차를 만들려는 연구도 많이 한답니다.

제이는 깜짝 놀랐습니다.
그리고 아저씨와 친구라는 사실을 동네방네 자랑하고 싶어졌습니다.
엄마도 깜짝 놀랐어요.
"저 아저씨가 과학자였단 말이야?"

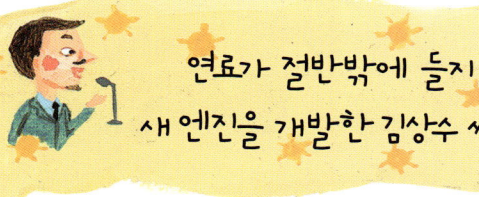

연료가 절반밖에 들지 않는 새 엔진을 개발한 김상수 씨입니다.

다음 날, 학교 가는 길에 아저씨를 만났어요.
"안녕 아저씨? 어제 텔레비전에서 아저씨를 봤어요."
"그랬냐?"
"그런데 어딜 가세요?"
"오늘부터 회사에 다시 출근한단다. **자동차 회사 말이야.**"
회사에서 **큰 연구실**을 만들어 줬다고 아저씨는 말했습니다.
아파트 지하실보다는 그곳이 훨씬 연구하기 편하겠지요.

### 경제 알면 재미있어요 — 기술은 개발한 사람이 주인이랍니다

남들이 알지 못하는 새로운 **기술을 개발한 사람은 나라에 특허를 신청할 수 있어요.** 다른 사람이 함부로 이용하지 못하게 해 달라고 요청하는 거예요. 특허를 받으면, 그 기술은 몇십 년 동안 개발한 사람만 이용할 수 있답니다.

"기술을 개발하는 일은 아주 중요하단다."

## 기술을 수출한다고요?

경제 알면 재미있어요

다른 사람이 갖고 있는 특허 기술을 이용하려면 돈을 내야 해요. 반대로 나만 갖고 있는 특허 기술을 다른 사람이 이용하고 싶다면 돈을 받고 팔면 되겠지요. 그러니까 기술을 수출할 수도 있는 거랍니다. **우리나라는 외국에 기술을 팔아 버는 돈보다는 여전히 외국에 돈을 주고 빌려 쓰는 기술이 훨씬 많아요.** 그러니까 기술 개발을 위해 더 많은 노력을 해야겠죠?

아빠도 신문에서 아저씨 이야기를 읽었대요.
"기술을 개발하는 일은 아주 중요하단다."
아빠는 말했어요.

새 기술이 개발되면, 더 싼값에
좋은 물건을 만들 수 있기 때문이래요.
기술이 발달할수록 그 나라 경제도
튼튼해진다고 아빠는 말했어요.
그 기술을 수출할 수도 있으니까요.

'아니란다. 아직 물로 가는 자동차는 만들지 못했지."

"그런데, 아저씨가 정말 물로 가는 자동차를 만드신 거예요?"
제이는 궁금했어요.
"아니란다. 아직 물로 가는 자동차는 만들지 못했지.
어쩌면 영원히 만들 수 없을지도 몰라.
그 아저씨는 물로 가는 자동차를 만들려고 연구하다가
우연히 기름을 아주 적게 쓰는 자동차를 만든 거래."
아빠가 말했어요.

### 생각주머니

지금 사람들이 가장 필요로 하는 기술은 뭐가 있을지 생각해 봅시다.
예) 대기 오염 물질을 전혀 내뿜지 않는 자동차
　　사람이 페달을 돌려 날 수 있는 비행기

아저씨가 기술 개발 최고 책임자가 됐다고 했어요.

아저씨는 **자동차 회사**에서 많은 돈을 주기로 했대요.
기술 개발 최고 책임자가 된 거예요.
아저씨 연구가 그 회사에 아주 중요하기 때문이겠죠.
아저씨가 더 **좋은 기술**을 많이 개발하면
우리나라에도 큰 도움이 되겠죠?
제이는 어깨가 으쓱해졌어요.
제이는 아파트 단지에서 하나밖에 없는
아저씨 친구잖아요.

알기 쉽게 풀어 보는 **생생 경제**

# 기술 개발을 위해 뛰는 회사와 나라

회사는 상품을 만들어 시장에 팝니다. 그런데 같은 종류의 상품을 만드는 회사는 한 곳만은 아니죠. 여러 회사가 자기 회사 상품을 많이 팔기 위해 경쟁을 벌인답니다. 더 많이 팔려면 품질이 뛰어나거나 값이 싸야겠죠.

품질이 더 좋은 제품을 만들려면 기술이 뛰어나야겠죠. 물건을 더 값싸게 만들려고 해도, 기술이 뛰어나야 해요. 그래서 회사들은 기술 개발을 위해 많은 애를 쓴답니다. 연구원들을 고용해 기술 개발을 하는 거지요. 기술이 시대에 뒤처지면 상품이 팔리지 않게 되고 회사가 망하는 수도 있답니다.